AF610728

LA

RÉPUBLIQUE.

Qui de nous dira où la société doit prendre plante, prendre repos?
L'accès mène à la vie ou à la mort : et en cas de vie, sous un autre mode, mais sous quel mode?
La république, peut-être!
Alors la France imiterait la Belgique, experte à ses risques et dépens.
Si la peur lui refuse son roi, du moins qu'on la tolère en république. (*La Belgique*, *Suite :* janvier, 1831.)

PARIS,
A. PIHAN DE LA FOREST, IMPRIMEUR,
RUE DES NOYERS, Nº 37.

1833.

« Le monde s'en va.

« Le principe de dissolution est essentiel : la révolution de 1789 en fut le premier symptôme.

« Quelque jour, l'état social sera bouleversé de fond en comble : l'Europe passera sous le coup des vicissitudes subies par l'Amérique.

« Il n'y a moyen que d'adoucir le passage, que d'ajourner l'époque de la rénovation radicale.

« Et c'est seulement par l'emploi des voies conciliatrices.

« Il faut détacher de la masse en suspens, tels et tels fragmens moins réfractaires : son poids devant être ainsi amoindri.

« Il faut se rapprocher d'un pas libre en apparence, de la masse en mouvement : son choc devant être ainsi atténué. » (*Du Dénouement de la crise*, décembre 1829.)

Alors c'était parler à temps pour la France : c'est encore parler à temps pour l'Europe.

Mais que sert?

Les peuples rêvent l'avenir ; les princes rabâchent le passé : ni les uns ni les autres ne faisant état du présent.

Les peuples, les princes, ignorent de même : ceux-ci, que le présent met à mort le passé ; ceux-là, que l'avenir tient la vie, du présent.

Et les princes se montrent trop rois, d'après l'habitude rétroactive des temps qui ne sont plus.

Et les peuples les trouvent trop rois, dans l'idée anticipée des temps qui ne sont pas encore.

Si bien que des deux bords, comme à l'envi, l'époque est hâtée où les princes vont disparaître, avant que les peuples aient appris à s'en passer.

Tant il faut que les hommes quels qu'ils soient, soumis au cours impérieux des choses, se gardent de prétendre, ou à le refouler, ou à le précipiter.

La république ne se fait pas d'elle-même : elle est faite par la royauté.

L'expression de république est de l'ordre négatif, et ne signifie que l'absence de la royauté.

On n'est pas républicain : on est anti-royaliste.

On n'aime pas la république : on hait les rois.

En effet, comment se prendre à la république, pour la vouloir, pour l'aimer?

Où la trouver, où la chercher seulement?

En France, dans le siècle, c'est comme un de ces nuages orageux dont les formes se prêtent aux rêves de l'imagination.

Aussi, nul ne s'en fait une idée pareille, même une idée précise.

Le mot est mis en avant : le sens reste en arrière.

La république apparaîtrait soudain : l'effroi, l'embarras seraient grands parmi ses plus ardens prôneurs.

Ne disons mot de l'établissement de la constitution, ajournée aux calendes grecques.

Au préalable, pour régler la convocation du peuple souverain, il faut un conventicule.

Pour maintenir les troupes, protéger les citoyens, percevoir les impôts, il faut une dictature.

Voilà la république éphémère, que le conventicule et la dictature étouffent sur l'heure.

Certes, nul ne veut cela, ne voit cela.

Et pourtant cela vient inévitablement, indispensablement : chacun s'y efforçant, aucun ne s'y opposant.

L'action monarchiste, et la réaction républicaine, y

concourent de même : celle-là en manière de cause, celle-ci en sorte d'effet.

Détruisez la cause : l'effet est détruit.

Que la royauté soit loyale, soit libérale : et la république ne sera prônée que par des cerveaux brûlés, ne sera point servie par les bras-nus.

Mais la royauté, sans cesse passant de la peur à l'orgueil, est tantôt vaine ou fausse, tantôt ignoble ou inhumaine.

La royauté. tour à tour blessant les sentimens, froissant les intérêts, frappe l'homme, et dans sa vie animale, et dans sa vie intellectuelle.

La royauté se fait haïr au plus juste titre, au plus haut point, par les puissances morales, par les appétits physiques.

Elle se fait mettre au ban de l'humanité.

Or, une forme trop connue étant ainsi répudiée, une autre forme encore inconnue est recherchée, e t convoitée.

La forme ancienne ayant ainsi abdiqué tout ascendant, la forme nouvelle est investie du legs, au moins en espérance.

Malencontréux princes, la république est dans vos propres actes, soit en France, soit en Europe.

La haine de ce qui est, la crainte de ce qui sera, sentimens de l'ordre instinctif, se partagent les esprits, et les entraînent en sens inverse, les emportent à contre-sens.

Et comme ce qui est nouveau se trouve moins riche que ce qui était vieux, en autorité morale, en puissance matérielle; la haine enhardie d'autant, passe à l'audace.

Et comme ce qui sera encore, se montre plus épouvantable, en raison, à la suite de ce qui est déja, la crainte d'autant augmentée, tourne au désespoir.

De part et d'autre, il n'y a point de pause, point de repos; sauf dans l'intervalle si court entre la crise d'hier, et la crise de demain.

C'est suivant une progression de plus en plus accélérée, que s'opèrent les deux mouvemens antagonistes.

Voyez s'ouvrir l'ère menaçante des révolutions populaires; voyez poindre la sanglante aurore de la rénovation sociale.

D'abord aux États-Unis, en Belgique, l'insurrection triomphante ou domptée, est de même suscitée et soutenue par le pouvoir inconséquent.

La France ainsi autorisée et comme invitée,

à qui l'occasion est bientôt offerte, ne résiste pas à la tentation.

A peine la révolution de 1789 émeut les peuples, qui, heureux ou malheureux, jouissent ou souffrent à la manière de la brute.

Mais les armées françaises sillonnent l'Europe en tout sens : et la routine est violemment rompue ; et l'idée éclate, au choc des têtes.

Aussi la révolution de 1830 se fait presque européenne : mettant partout les esprits en mouvement et souvent les bras en action.

Vienne une autre encore ! ce sera bien pis.

Le premier tiers du siècle est marqué de ce signe lugubre ; que tout commence et rien ne finit ; que tout change et rien ne dure.

C'était à tort que quinze ans d'empire, quinze ans de royauté semblaient un à-compte sortable, à valoir sur le terme de la prescription.

Quand deux blocs massifs de puissance ont été brisés, broyés comme verre, que doit-il advenir des grains de sable logés au faîte par le souffle du sort ?

L'Europe bouillonne en ses entrailles : là, ne se décelant que par des tourbillons de fumée ; ici, laissant percer quelques éclairs de flamme : ailleurs, vomissant un torrent de lave brûlante.

Tantôt la crise est apaisée, est assoupie, pour mieux dire ; cédant à l'art ou à la force ; et, dans le repos, s'instruisant de l'art, s'armant de la force.

Tantôt la crise est abandonnée à elle-même, paraissant périlleuse à réduire, et se montrant inepte à s'organiser en une façon solide.

Rien ne finit; rien ne dure.

L'impuissance de dompter la fatalité est tellement sentie, que nul n'aspire à cette fin, ne travaille à l'œuvre.

Une pierre du mur tombe; on replâtre le trou avec de la boue : un pan de mur menace; on le soutient avec quelque étaie pourrie.

La vie ne compte que pour deux jours: la veille, dont il reste encore la mémoire; le lendemain, où se repose l'espérance.

De sorte que le surlendemain est privé de défense : si même il n'est exposé par des mesures maladroites.

L'homme a donné sa démission : pleine liberté est laissée au cours vagabond des choses.

A ces traits, il est facile de reconnaître le sinistre pronostic du second tiers de ce siècle.

Ici bas, tout a fin : seulement le terme varie, le mode contraste.

La société humaine, quelle que soit sa forme, naît, mûrit, vieillit et meurt.

Jusqu'à présent, ce fut de mort violente, par la voie de la conquête : les peuplades barbares terrassant les nations décrépites.

Désormais ce sera de mort naturelle, dans les transes de l'agonie : l'état de corruption morale menant à celui de la dissolution sociale.

Même il n'y a plus lieu à la chance prédite par Napoléon : Avant cinquante ans, l'Europe sera république ou cosaque.

Car la puissance russe, si formidable à la tête des armées du continent, a manifesté sa faiblesse réelle, et devant la Turquie, et envers la Pologne (1).

Il faut dire plutôt : l'Europe sera république ; et par suite sera cosaque.

En vain la vanité ferme les yeux et se bouche les oreilles.

« Les présages de l'avenir surgissent tout pal-
« pitant, des leçons du passé.

« De par la loi d'en haut, il est un ordre suc-
« cessif de destinées, un cours régulier de phases
« politiques, un cercle continu de révolutions
« sociales.

« La vie physique de l'homme n'est-elle pas
« soumise au coup imprévu des vicissitudes,
« qu'adoucit la résignation, et que la récalci-
« trance rend plus amères. »

« La vie morale des hommes est atteinte d'une
« fatalité pareille : non sans cette différence,

---

(1) Nous croyons que le pouvoir de la Russie a été grandement (*grossly*) exagéré. Dans les guerres de Turquie et de Pologne, le czar n'a jamais pu réunir cent mille hommes sur le même point. (*Times*, 14 septembre.)

« qu'étant douée d'une vitalité presqu'inextin-
« guible, les crises traitées avec art servent a
« son rajeunissement, tendent vers sa perfecti-
« bilité. » *(Extrait d'un Mémoire remis aux ministres en décembre* 1829.)

Le terrible drame aura son cours : de scène en scène dévorant les acteurs; en leur place attirant les spectateurs; enfin abîmant et le théâtre, et le parterre.

Les rois s'en vont : c'est le prologue de la pièce, dont chaque acte n'est que le développement.

En l'être de roi, résident, le sceptre de l'autorité, l'égide de la liberté.

L'être de roi s'évanouissant, l'autorité est laissée à l'abandon, est saisie par l'un, puis par l'autre, est tournée contre la liberté.

Même l'être de roi est successif de sa nature, ne fait qu'un de père en fils; et rarement se prête à être enté sur un autre rameau, à être nourri d'une sève nouvelle.

Les rois s'en vont.

Autrement, la république apparaît : la république disparaît.

Elle apparaît, parce que sur l'orbite immense des vicissitudes révolutionnaires, c'est la phase finale, où le mouvement incessant, pousse et se perd.

Elle disparaît, parce qu'à ce terme extrême,

l'indépendance étant élevée au maximum, la sphère des relations sociales éclate et se brise.

La république a ses trois journées : l'une de lutte; l'autre de gloire; la dernière de crainte.

Frappée d'impuissance, frappée d'épouvante, elle se choisit en hâte un dictateur, qui la régente, la régisse.

Habile ou heureux, le dictateur s'en rend maître : à défaut, la crise recommence en la même façon.

Une bouche non suspecte l'a dit :

« Tremblez que l'excitation populaire, à laquelle les esprits ne sont que trop disposés, après une dure période de calamités, nous soumette à la féroce démocratie ou au despotisme militaire; et suivant l'ordre accoutumé de semblables convulsions, nous conduise à travers une tyrannie, pour nous livrer à l'autre. » (*M. Huskisson*, 23 février 1830.)

Les rois périssent : moins encore sous le coup des faits, que par le contre-coup de leurs actes.

Deux hommes sont dans leur être, hétérogènes entre eux, hétéroclytes l'un et l'autre.

D'abord le vieil homme, dont les bourasques du temps auraient dû dépouiller : lequel souffle l'ambition au congrès de Vienne, suscite en tout temps la colère, les vengeances; et autorise l'épargne des devoirs, exagère l'usage des droits.

Le vieil homme qui, vivant de mémoire ou de rêves, méconnaît qu'à cette heure, c'est un métier que la royauté, et le plus dur, le plus ingrat.

Ensuite l'homme enfant, que les crises redoublées sont loin d'avoir éduqué : lequel se laisse prendre d'un sinistre effroi, au seul bruit de la république; et, troublé qu'il est, en croyant se sauver, se perd.

On connaît les mesures familières à la peur : mal contente du cours de la justice, elle se complaît en actes de police, qui tourmentent çà et là, en actes de vindicte, qui répugnent partout.

Ainsi, dans la vue de contenir ou punir quelque adversaire effréné, aliénant un nombre d'amis, irritant la masse des ennemis.

De plus, la peur se permet l'emploi d'agens déloyaux, de moyens immoraux; ainsi écartant le respect, évoquant le mépris.

L'un et l'autre homme, chacun à sa manière, enfante, alimente la république.

Au lieu de circonscrire son camp et d'y cerner un ramas de sectaires fougueux ou cupides, ils prennent à tâche de lui recruter tous les êtres nobles, sensibles, généreux.

Tant que l'ame enfin se fait révolutionnaire.

Il y aura des révolutions, des contre-révolutions, des sur-contre-révolutions; et cela jusqu'à la fin des temps, jusqu'aux confins de l'univers.

C'est que toujours et partout le pouvoir ancien, le pouvoir nouveau, s'ébattent dans les nues ou se jouent à la surface, sans pénétrer aux entrailles de la société.

De même, ils se fabriquent quelque manière de droit, inviolable, immuable, bien qu'éclos d'hier, et expirant demain.

Le droit divin y a passé; le droit populaire est en vogue; le droit féodal, puis le droit bourgeois, sont apparus.

Seul, le droit humain n'est pas encore venu à la mode, n'a pas même été admis au dictionnaire. *

Tout pouvoir écarte le droit réel, invente un droit fictif; et tient l'un en mépris, prétend au respect par l'autre.

Ainsi la société est faussée en son principe, est détournée de ses fins : car elle fut faite par l'homme, elle fut faite pour l'homme.

La société est saisie sous un aspect partiel, est régie en une façon partiale.

D'où, parmi les masses, surgit, sous les pouvoirs anciens, le mécontentement; sous les nouveaux, le désappointement.

Et l'opposition est accueillie, enhardie par l'opinion tacite ou bruyante.

Et les révolutions sont appuyées, sont soutenues par l'action impétueuse, irrésistible.

C'est le pouvoir qui conspire contre lui-même.

Certes, nulle conspiration ennemie ne se fût tramée ou du moins n'eût triomphé, alors que les masses refusaient de s'y prêter.

Du genre dont elles sont, les révolutions se reproduisent spontanément, bien qu'éventuellement.

Chacune contient à sa naissance et nourrit, pendant sa durée, le germe prédestiné a l'étouffer au premier jour.

Ou plutôt un seul germe, le même germe jette des pousses d'abord vigoureuses, bientôt desséchées, puis remplacées.

Le germe, c'est le mal-être (1).

Long-temps recélé au sein du silence, étouffé

---

(1) Réforme, tarif du blé, incendie et émeute, ne sont que les cris échappés des bouches de l'hydre à mille têtes de la détresse. (*Courrier anglais.*)

C'est un mouvement tumultueux, ce sont de formidables clameurs : il leur faut manger; il n'y a pas assez; les riches les affament. (*Globe anglais.*)

sous la glace des temps, il éclate au coup de feu des crises politiques.

Tel est son développement subit, que l'ordre social craque de toute part, menace de s'écrouler.

On s'empare des effets, on s'approprie les résultats; sans plus songer au principe dont ils dérivent.

Le mal-être d'abord induit à se mouvoir, est aggravé plutôt qu'allégé après la victoire.

Et ses forces s'étant montrées, les voies ayant été ouvertes, l'occasion quelconque manque seule à le susciter, à le soulever.

Et le désappointement progressif tournant en désespoir, après des crises de plus en plus intenses, vient la crise fatale, celle de subversion, de dissolution.

En vain, par une combinaison vraiment providentielle, le devoir et l'intérêt s'allient et s'amalgament dans l'œuvre de tout gouvernement.

En vain les pouvoirs légitimes, même les pouvoirs usurpateurs, sont appelés, en suivant leur ligne commune, à se consolider, à se consacrer.

Ni la leçon d'en haut, ni l'exemple d'ici-bas, ne parlent.

Naguère la population n'est considérée qu'au titre de *chair à canon;* et l'empire finit.

Maintenant elle ne l'est qu'au titre de *chair à tarif;* et la monarchie finira.

Même une royauté bien autrement solide s'est vue ébranlée par le contre-coup des mesures fiscales.

On n'entend donc pas que le corps est puissant, que le chef est fort, seulement du bien-être des membres.

Or le bien-être est surtout de l'ordre physique.

Au plus haut rang, l'homme naît matière ; dans les basses classes, il vit, il meurt matière.

Un estomac à remplir, un corps à couvrir ; le voilà tout entier.

Et c'est si difficile dans la nature, plus difficile encore au premier âge des sociétés, de plus en plus difficile pendant leur maturité, lors de leur caducité.

Déja, ainsi qu'entre les volatiles de basse-cour, les plus forts ou les plus fins pillent sans merci, affament les faibles.

A peine la loi est à même de prévenir quelque peu, un tel mal.

Faut-il, ou qu'elle s'efforce de le compenser, ou qu'elle travaille à l'aggraver ?

Toute la question économique est là.

Au mépris de la combinaison providentielle, d'abord les révolutions surviennent, puis les révolutions se succèdent.

Parmi les princes et les peuples, il y a harmonie en tout point, il n'y a dissidence en aucun cas.

Puissance, richesse, viennent des peuples, vont aux princes.

Mais soit dans les premiers temps où domine la force, soit dans les siècles suivans où prévaut la ruse, une race parasite s'entremet des uns aux autres.

Tantôt, c'est la caste de guerre, vulgairement dénommée la noblesse; dont les services d'abord éminens n'aspirent qu'à la gloire, ensuite insignifians, convoitent le lucre.

Tantôt, c'est la classe de fortune, communément appelée la bourgeoisie, dont la vie souvent stérile, parfois féconde, prétend cumuler de plein droit et la puissance et la richesse.

A travers cette nuée d'insectes bourdonnant autour des princes, le jour, le son se trouvent interceptés : et le ver laborieux, l'abeille industrieuse restent enfouis sous les ténèbres.

L'action de l'ame se voit limitée à la borne des sens. La bonté, la pitié, la justice même s'exercent dans un champ rétréci.

Plaignons les princes. D'autant qu'ils sont sensibles; d'autant ils ont des torts, ils font du mal.

Les peuples sont martyrisés, sont sacrifiés aux classes haute et moyenne, dans la vieille Europe, dans la nouvelle France.

D'où les peuples se tiennent à la disposition

des fauteurs d'insurrection, se mettent en mouvement contre les couronnes, contre les classes favorites.

Ainsi la révolution de 1789, excitée à raison des charges fiscales, attaqua, abattit la royauté, et dépouilla, détruisit la noblesse, le clergé.

Tant les rangs supérieurs et même les rangs mitoyens excitent la haine et l'envie, stimulent la cupidité des êtres alors revêtus de la force brute.

Comme ils se serrent par inquiétude autour du trône menacé, après l'avoir ébranlé, exposé par leurs prétentions ; la force brute est amenée à les mettre hors de combat.

Les princes ont à les sauver, à se sauver eux-mêmes.

Plus justes et plus sages, les classes fortunées auraient à solliciter, à mendier, une tout autre part dans le tribut commun.

Elles auraient à compâtir aux souffrances des classes misérables, à réduire quelque peu l'immense intervalle qui les sépare.

Par l'exemple, c'est aux princes à inspirer des sentimens humains.

Par la loi, c'est aux princes à régler équitablement la répartition des charges.

En fait de république, les jours sont comptés pour son avènement, comme ils sont marqués pour sa durée.

La république est douée de clore l'ère actuelle et d'ouvrir une ère nouvelle, de briser et trancher net la chaîne des temps, de former l'état de transition entre la monarchie tempérée et le despotisme absolu.

Qu'on s'y attende : mais qu'on attende.

Qu'on laisse la république à ses destins naturels, et qu'on se dispense de lui livrer les têtes, de lui prêter les bras.

Rien n'engage à aider, à hâter, à forcer le temps, dans le travail de l'enfantement.

Pourtant on ne fait autre chose.

L'homme affiche un corps, révèle une ame.

Parlons d'abord de l'ame, qui de jour en jour se pourrit ou se flétrit à travers les tempêtes politiques.

L'ame est une, bien que répartie entre l'infinité des êtres : l'ame se parle et se répond de l'un à l'autre être.

Comme les idées sont en lutte, les sentimens sont en alliance.

Or, le pouvoir n'aspire ce semble, qu'à heurter, qu'à blesser l'ame.

Sans cesse, ce sont des choix immoraux qui repoussent, ou des actes déloyaux qui répugnent, ou des ordres inhumains qui révoltent.

Car de sa nature, l'ame est morale, loyale, humaine.

Que dire de la France, où le pouvoir se délecte en vengeances, où ses agens renchérissent de rigueurs!

Quant à l'Europe, tout s'efface, s'éclipse, s'évanouit, devant les ineffables horreurs exercées en Pologne.

Noble race qui ayant le droit, ayant le cœur, est traitée comme ne le fut jamais, ni peuple sujet, ni peuple conquis.

Race martyre, la république te vengera des rois.

Dans les classes de la société, où l'aisance et l'intelligence s'allient en juste rapport, encore il y a de l'ame.

Ailleurs, il n'est qu'un corps : les besoins du corps, les intérêts de l'être ne font qu'un.

Telle est l'immense majorité de la population en chiffre, la totalité de la population à l'œuvre.

Mais la parole lui manque, sauf que de temps à autre, il s'en échappe un cri terrifiant.

Mais l'union lui manque, sauf aussi qu'il n'en surgisse une crise effroyable.

Le cri s'éteint, la crise s'apaise ; sans que l'expérience tourne en prudence.

C'est si peu qu'il lui faut! Du pain pour aujourd'hui ; du travail pour demain.

Peut-être quelques égards, à peine quelques soins, de plus qu'envers les animaux!

Du reste, point de bonheur, point de plaisir; pas même de repos, sauf par excès de fatigue.

Le pouvoir en veut-il ?

A ce prix, lui plaît-il d'acquérir, et des voix à crier *vivat*; et des bras à servir dans l'offensive comme dans la défensive ; et des vies à se dévouer au premier signal.

Non, pardieu! le pouvoir n'a que trop d'amis déja. L'espèce est du genre carnassier; et justement elle y voit une proie.

De là, fourniture d'hommes, dommages du monopole, sévices de l'impôt, tout est mis à son compte.

De là, deux cents millions de subsides, ont à rogner sur le morceau de pain noir; ont à dîmer au double, au quadruple, au décuple, d'autant qu'il y a moins.

Aussi, qui donc ne criera pas : *vive la république* ?

Qui donc ne volera pas, ne brûlera pas, ne tuera pas, l'occasion venant ?

Les vieux temps, les temps nouveaux, ont le même préjugé.

Autrefois il fallait, à présent il faut une classe d'élite pour défendre la royauté.

Et cela est vrai : mais sous ces deux conditions, l'une qui ne se rencontrera pas désormais, l'autre qui ne s'est jamais rencontrée.

D'abord que cette classe d'élite soit forte par elle-même, et vienne prêter plutôt qu'emprunter appui.

De plus, que ses membres n'entendent qu'à servir la royauté, ne prétendent pas se faire servir par elle.

Eh ! pourquoi cette dynastie toujours bénigne, souvent glorieuse, qu'il n'y avait moyen de haïr, ni motif de craindre, a-t-elle été emportée d'un coup de vent?

C'est qu'il n'existait point de royalistes, qu'il n'existait que des aristocrates.

Entre lesquels la différence est ceci, que le trône est pris pour autel par les uns, est pris pour escabeau par les autres.

D'où l'on vit, en 1815, en 1821, assaillir, renverser à tout risque le cabinet Richelieu; et de 1821 à 1827, protéger, maintenir à tout prix, le cabinet Villèle.

Celui-là serviteur de la royauté, celui-ci valet de l'aristocratie.

Pourquoi la branche cadette, moins en titre et

de source et de date, sera-t-elle abattue au premier souffle?

C'est qu'autour d'elle, se range et se serre l'oligarchie du jour, vaine parodiste de l'aristocratie des siècles :

A son exemple, inspirant au prince une confiance démesurée, obtenant du prince des faveurs exhorbitantes.

Ainsi qu'il apparaît dans les deux mesures de l'état de siége, de l'enceinte des forts, presque aussitôt désavouées ;

Et dans la prolongation, dans l'aggravation de toutes les taxes prélevées sur la misère, à la décharge des subsides dus par l'aisance et la richesse.

Entre le prince et le peuple, il y a alliance naturelle; car le prince n'est fort, n'est riche que par le peuple.

De l'un à l'autre, telle est la distance, que les sphères réciproques n'ont jamais à se heurter.

Là, c'est si haut, que l'orgueil se satisfait en bienfaits : ici, c'est si bas, que les bienfaits sont accueillis par l'humilité.

Aussi les rois affranchissaient les communes et se défendaient à leur aide contre les seigneurs.

En ces temps, les communes constituaient le tiers-état; le servage enchaînant les paysans à leurs maîtres.

Dans nos temps, le tiers-état ou la masse nationale, c'est le peuple des villes, des campagnes.

Et de même, soit contre la classe haute en Europe, soit contre la classe moyenne en France, les rois ont à s'attacher le peuple, à s'armer du peuple.

Au lieu de l'affranchissement des corvées personnelles, il s'agit de l'affranchissement des charges pécuniaires.

Le peuple est libéré vis-à-vis de tels individus, est asservi par la société.

Qu'on en vienne à l'affranchir de mourir de faim.

A cet effet, il convient de lui procurer du travail, et, à défaut, de lui porter des secours.

Mais avant de donner, c'est bien de ne pas ravir : au lieu de faire l'aumône, c'est mieux de ne pas prendre la bourse.

Nous voilà à la loi de l'impôt.

L'utile et l'agréable ont seuls à subvenir, à fournir le subside.

Le nécessaire n'a point à subir la dîme.

Que les princes se donnent aux peuples, les peuples se donneront aux princes.

Le physique prime le moral. L'homme est animal quand il naît, reste animal tant qu'il vit à peine.

L'esprit ne s'éveille qu'après que les appétits sont repus.

Entre la souffrance du besoin et la fatigue du

travail, la place manque aux idées abstraites de liberté, d'égalité.

De là, le besoin à peu près contenté, le travail quelque peu adouci, sont payés en attachement, en dévouement.

Le prix est double; et de ne plus fournir des recrues à l'ennemi, et de s'assurer à soi-même des auxiliaires.

Les princes n'ont plus à se défendre à grand risque : même ils ont à dominer sans coup férir.

Ils se font libres : ils se font maîtres.

Dieu le veuille, si ce doit être en une telle façon.

Quelques milliers d'hommes s'en plaindront; des millions d'hommes s'en réjouiront.

Est-ce donc que l'association humaine n'a pas pour seule fin, de répartir et dispenser au mieux, entre ses membres, le bien-être ?

Est-ce que les révolutions ont un autre but honnête, honorable ?

Est-ce que jusqu'à présent, ce but a été atteint ou seulement approché par elles?

Voyez le malheur. De même que les révolutions ne seront plus possibles, aussi elles ne seront plus désirables.

Princes, n'écoutez pas les vains cris. Le ciel vous absout; la terre vous bénit.

DE L'IMPRIMERIE D[illegible] DE L[illegible]REST, rue des Noy[illegible] n° 37.

www.ingramcontent.com/pod-product-compliance
Ingram Content Group UK Ltd.
Pitfield, Milton Keynes, MK11 3LW, UK
UKHW020409250726
13967UKWH00006B/2557

9 782011 786777